Rania Zaghir (Text) / Racelle Ishak (Illustrationen)

Wer hat mein Eis gegessen?

Kush ma hëngri akulloren?

Petra Dünges
(Übersetzung aus dem Arabischen ins Deutsche)

Edition Orient

Ich saß auf einer Parkbank bei einer Brücke und überlegte hin und her: »Wie soll ich bloß dieses Eis essen? Soll ich es nach und nach aufschlecken oder soll ich besser kleine Happen abbeißen? Wie kann ich es nur essen, ohne mich zu bekleckern?«

Po qëndroja ulur në një stol parku pranë një ure dhe po mendohesha:
“Si do të mund ta ha këtë akullore? A do ta lëpija dalë-ngadalë ose më mirë ta haja atë me kafshata të vogla? Si do të mund ta ha akulloren, pa u përlyer?„

Plötzlich sprang ein Ungeheuer unter der Brücke hervor und sagte: »Ich an deiner Stelle würde das Eis von unten nach oben schlecken. Auf die Art kannst du dich nicht bekleckern. Gib her, ich zeig' es dir!«

Papritur u shfaq një përbindësh, duke kërcyer nga poshtë urës dhe tha:
"Unë, në vendin tënd akulloren do ta lëpija nga poshtë lartë. Në këtë mënyrë nuk do të përlyesh. Ma jep mua, të ta tregoj!„

Doch als ich gerade das Eis von unten nach oben schlecken wollte, wie mir das Ungeheuer geraten hatte, da sprang plötzlich ein Drache unter der Brücke hervor und sagte:
»Ich an deiner Stelle würde das Eis von oben nach unten schlecken. Auf die Art kannst du dich nicht bekleckern. Gib her, ich zeig' es dir!«

Në momentin që doja ta lëpija akulloren nga poshtë lartë, ashtu siç më kishte këshilluar përbindëshi, vetëtimthi u shfaq një kuçedër, duke kërcyer nga poshtë urës dhe tha:
„Unë në vendin tënd akulloren do ta lëpija nga lartë poshtë. Në këtë mënyrë nuk do të përlyesh. Ma jep mua, të ta tregoj!„

Doch als ich gerade das Eis von oben nach unten schlecken wollte, wie mir der Drache geraten hatte, da sprang plötzlich ein Greif unter der Brücke hervor und sagte:
»Ich an deiner Stelle würde das Eis rundherum schlecken, und zwar von oben nach unten. Auf die Art kannst du dich nicht bekleckern. Gib her, ich zeig' es dir!«

Në momentin që doja ta lëpija akulloren nga lartë poshtë, ashtu siç më kishte këshilluar kuçedra, vetëtimthi u shfaq një trupluani me kokëshqiponje, duke kërcyer nga poshtë urës dhe tha:
„Unë në vendin tënd akulloren do ta lëpija rreth e rrotull. Në këtë mënyrë nuk do të përlyesh. Ma jep mua, të ta tregoj!„

Doch als ich gerade das Eis rundherum schlecken wollte, und zwar von oben nach unten, wie mir der Greif geraten hatte, da sprang plötzlich eine Nixe unter der Brücke hervor und sagte:
»Ich an deiner Stelle würde das ganze Eis in einem einzigen Happen in den Mund stecken, dort könnte es dann langsam schmelzen. Auf die Art kannst du dich nicht bekleckern.
Gib her, ich zeig' es dir!«

Në momentin që doja ta lëpija akulloren rreth e rrotull, dhe nga lartë poshtë, ashtu siç më kishte këshilluar kokëshqiponje, trupluani me vetëtimthi u shfaq e Bukura e ujit, duke kërcyer nga poshtë urës dhe tha:
“Unë në vendin tënd akulloren do ta haja njëherësh, duke e futur ashtu siç është në gojë, aty do të mund të shkrihet dalë-ngadalë. Në këtë mënyrë nuk do të përlyesh. Ma jep mua, të ta tregoj!„

Doch als ich gerade das ganze Eis in einem einzigen Happen in den Mund stecken wollte, damit es dort langsam schmelzen könnte, wie mir die Nixe geraten hatte, da … oh! Was war das? Da war für mich ja gar nichts mehr übrig geblieben! Nicht der kleinste Rest Eis!

Në momentin që doja ta fusja akulloren njëherësh në gojë, në mënyrë që ajo të mund të shkrihej aty dalë-ngadalë, ashtu siç më kishte këshilluar e Bukura e ujit, atëherë … oh! Por cfar ndodhi kështu? Për mua nuk kishte mbetur më akullore! As pjesa më e vogël e akullores!

Nur die Eiswaffel war noch übrig!
Doch als ich gerade die Eiswaffel essen wollte,
da sprang plötzlich ein Riese mit fünf Köpfen
unter der Brücke hervor.

Kishte ngelur vetëm kaushi!
Në momentin që doja ta haja kaushin,
vetëtimthi u shfaq një gjigant me pesë kokë,
duke kërcyer nga poshtë urës.

Aber bevor er auch nur ein Wort sagen konnte,

Por para se ai të mund të nxirrte edhe një fjalë nga goja,

①
öffnete ich den
Mund ganz weit,

unë e hapa gojën
gjerë e gjatë,

②
stopfte die Eiswaffel in einem
einzigen Happen hinein,

e futa kaushin e akullorës
në një kafshatë në gojë,

③

kaute sie
blitzschnell klein,

e përtypa shpejt
e shpejt,

④

und schluckte sie
dann hinunter.

dhe e gëlltita më
njëherë.

Beim nächsten Mal esse ich mein Eis so, wie ich es will!
Und ich lasse mir von niemandem mehr dareinreden!

Rradhës tjetër do ta ha akulloren, ashtu si me
pëlqen mua! Dhe nuk do të lejoj asnjeri që të
përzihet në punën time!

Wer dieses Buch gemacht hat:

Anaëlle Rania Zaghir

(sprich »Anael Ranja Sarir«) hat sich diese Geschichte ausgedacht und aufgeschrieben. Die Idee dafür ist ihr gekommen, während sie in einer Stockholmer Eisdiele auf ihr Eis wartete. Die Schriftstellerin ist in Beirut, der Hauptstadt des Libanon, aufgewachsen und lebt jetzt mit ihrer Familie in Paris.
2007 gründete sie ihren eigenen Kinderbuchverlag mit dem Namen »Al-Khayyat Al-Saghir« (auf Deutsch: »Der kleine Schneider«). Von ihren vielen Kinderbüchern wurden einige bereits in anderen Ländern veröffentlicht, aber diese Geschichte ist die erste, die ins Deutsche übertragen wurde. Wenn sie nicht gerade Geschichten schreibt oder in ihrem Verlag arbeitet, spaziert sie am liebsten mit einem Pain au Chocolat in der Hand durch die Straßen von Paris – oft zusammen mit ihrem kleinen Hund.

Racelle Ishak

hat die Bilder vom kleinen Mädchen und den vielen Ungeheuern gemalt. Sie lebt in Beirut.
Zwar hat sie Innenarchitektur studiert, arbeitet aber hauptsächlich als Illustratorin für Kinderbuchverlage und für verschiedene Fernsehsender.

Weitere zweisprachige Kinderbücher bei Edition Orient:

Samira Schafik (Text) / Ihab Schakir (Ill.):

»Sonne und Mond.
Wie aus Feinden Freunde wurden«

Arabisch-deutsch
Übersetzt aus dem Arabischen von Petra Dünges
32 Seiten; gebunden; 21,5 x 21,5 cm
ISBN 978-3-922825-89-0
Altersempfehlung: Ab 5 Jahren

Im Reich des Mondes ist es angenehm still und beruhigend dunkel; das Reich der Sonne hingegen ist voller Leben und froher Farben. Das birgt Spannungen, und richtig, irgendwann fangen die beiden an zu streiten. Ein Kampf beginnt, mit feuriger Hitze auf der einen und klirrender Kälte auf der anderen Seite. Muss das sein?

Ausgezeichnet 2006 mit dem »Ägyptischen Staatspreis für Kinderliteratur«

Betül Sayin (Text u. Ill.):

»Mert und der wundersame Fes.

Eine Reise druch die Zeit in Istanbul«

Türksich-deutsch
Übersetzt aus dem Türkischen von Reinhard Fischer
40 Seiten; gebunden; 21,5 x 21,5 cm
ISBN 978-3-922825-73-9
Altersempfehlung: Ab 5 Jahren

Was ist denn das für eine Kopfbedeckung, die Mert auf dem Dachboden seiner Oma in Istanbul findet? Ein Fes! Den muss er doch gleich mal aufsetzen! Doch schwupp – in dem Moment, als Mert ihn anprobiert, findet er sich in Istanbul vor gut 100 Jahren wieder. Als Hamdi durchstreift er diese osmanische Stadt, die ganz anders aussieht. Doch damit ist seine abenteuerliche Reise durch die Zeit nicht beendet: Auf wundersame Art landet er auch in Byzanz und Konstantinopel.
Eine märchenhafte Zeitreise durch die Stadt am Bosporus.
»Die kleine zweisprachige Zeitreise ist sehr schön illustriert, eignet sich zum Vorlesen ab ca. 5 bis 6 Jahren und zum Selberlesen ab ca. 7 bis 8 Jahren. Natürlich bietet sie auch viele Gesprächsanlässe innerhalb der Familie« (Lesespass international, Stiftung Lesen)

www.edition-orient.de

Wer hat mein Eis gegessen?

Kush ma hëngri akulloren?

von
Rania Zaghir (Text)
Racelle Ishak (Illustrationen)

Das arabische Original wurde von Petra Dünges ins Deutsche übersetzt (www.petra-duenges.de). Diese Fassung diente als Vorlage zur Übersetzung ins Albanische durch die Profi Schnelldienst Fachübersetzungen GmbH.

3. Auflage 2024

Satz und Layout: Orient-X-Press, Berlin

Druck und Bindung: Livonia Ltd., Riga

ISBN 978-3-945506-01-1